BEI GRIN MACHT SICH IHR WISSEN BEZAHLT

AF167259

- Wir veröffentlichen Ihre Hausarbeit, Bachelor- und Masterarbeit

- Ihr eigenes eBook und Buch - weltweit in allen wichtigen Shops

- Verdienen Sie an jedem Verkauf

Jetzt bei www.GRIN.com hochladen und kostenlos publizieren

Markteintrittsstrategie und Internationalisierung eines Modehändlers. Herausforderungen und Empfehlungen

Bibliografische Information der Deutschen Nationalbibliothek:

Die Deutsche Nationalbibliothek verzeichnet diese Publikation in der Deutschen Nationalbibliografie; detaillierte bibliografische Daten sind im Internet über http://dnb.d-nb.de abrufbar.

ISBN: 9783346792624
Dieses Buch ist auch als E-Book erhältlich.

Druck und Bindung: Books on Demand GmbH, Norderstedt Germany
Gedruckt auf säurefreiem Papier aus verantwortungsvollen Quellen

Das vorliegende Werk wurde sorgfältig erarbeitet. Dennoch übernehmen Autoren und Verlag für die Richtigkeit von Angaben, Hinweisen, Links und Ratschlägen sowie eventuelle Druckfehler keine Haftung.

Das Buch bei GRIN: https://www.grin.com/document/1314713

Einsendeaufgabe

Alternative A- Managementlehre

abgegeben am 09.11.2022

SRH-Fernhochschule

Modul: Managementlehre

Studiengang: M.Sc. Psychologie

Inhaltsverzeichnis

Abbildungsverzeichnis

1 Einleitung

Um am heutigen Markt Bestand zu haben, müssen Unternehmen sich internationaler oder globaler orientieren. Viele große Marken, wie Apple, Bayer AG oder Adidas wären ohne Internationalisierung oder Globalisierung nicht, dass was sie heute sind. Das Ausmaß der internationalen Aktivitäten hat sich seit den 80er Jahren nochmals erheblich gesteigert. Besonders hervorzuheben ist, dass beispielsweise viele Unternehmen in Deutschland mehr als die Hälfte ihres Umsatzes im Ausland erwirtschaften (Berndt, Fantapiè Altobelli &Sander, 2016, S.7). Daher ist Internationalisierung heutzutage ein wichtiger Schritt für Unternehmen, um erfolgreicher zu werden und neue Absatzmärkte zu eröffnen. Daneben erfordert dies aber auch viele Herausforderungen und Kompetenzen, die nicht unterschätzt werden dürfen, wonach sich viele Unternehmen zunächst scheuen international aktiv zu sein (Morasch & Bartholomae, 2017, S.321-322).

In der vorliegenden Arbeit handelt es sich um die Parlando GmbH, die hochwertige Mode über den deutschen Markt hinaus verkaufen will und eine Internationalisierung anstrebt. Der Online-Händler peilt dazu die EU-Staaten Frankreich, Österreich, Italien sowie die eigenständigen Staaten Schweiz und Groß-Britannien sowie Nordamerika an. Um dem Management der Parlando GmbH die Entscheidungen über die chronologischen Digitalisierungsstufen der Markteintritte zu erleichtern, wird die Abteilung des Business Development im Folgenden eine umfangreiche Analyse vornehmen. Im Anschlusskapitel (Kap. 2) zu Aufgabe A1 wird daher zunächst das Unternehmensprofil der Parlando GmbH vorgestellt und die theoretischen Grundlagen zum Thema Internationalisierung sowie die verschiedenen Markteintrittsoptionen und die Geschwindigkeit der Markteintritte behandelt. Im Anschluss spricht die Abteilung dem Management eine konkrete Empfehlung auf die spezifische Fragestellung aus. Hingegen im dritten Kapitel zu Aufgabe A2 die verschiedenen Herausforderungen bezüglich der interkulturellen Ausrichtung im Zuge der geplanten Internationalisierung diskutiert werden. Anschließend werden dem Management dazu mögliche Ausgestaltungsmöglichkeiten sowie eine Empfehlung ausgesprochen. Die Arbeit schließt mit einem kurzen Fazit ab.

2 Aufgabe A1

2.1 Unternehmensprofil der Parlando GmbH

Die Parlando GmbH ist ein erfolgreicher Online-Händler auf dem deutschen Modemarkt, der seine Modeartikel ausschließlich in Deutschland (Made in Germany) produziert und digital (online) vertreibt. Die Marke steht für Qualität und ausgefallene Modeideen, die sich durch hochwertige Verarbeitung und Textilmaterialien auszeichnet. Das Unternehmen sichert sich durch seine sogenannte Unique Selling Proposition einen einmaligen Wettbewerbsvorteil gegenüber seinen Wettbewerbern am Markt, da eine Nachahmung des Modekonzeptes und der speziellen, nachhaltigen Verarbeitung nicht möglich ist. Außerdem hat der Händler den Vorteil, dass er für alle Kundenkonfektionsgrößen seine einzigartige Mode anbietet oder sogar Maßanfertigungen im Einzelfall produziert. Das Angebot umfasst ebenso passende Accessoires, wie Taschen und Kopfbedeckung sowie Schuhe und bietet den Kunden typengerechte und modische Out-Fit-Sets an. Der Kunde muss dazu nur ein Foto von sich online in seinem Kundenkonto hochladen und das Designer-Team der Parlando GmbH wird dem Kunden passende Komplett-Outfits zusammenstellen und vorschlagen. Der Kunde hat damit den Vorteil sich von Kopf bis Fuß einkleiden zu können und muss nicht in verschiedenen Online-Shops nach passenden Artikel auf die Suche gehen.

Der Parlando GmbH verhilft dieser exzellente Service mehr Absatz und zufriedenere Kunden. Der Händler legt trotz der Distanz aus Digitalisierung und Internet, Wert auf die Nähe zum Kunden und versucht damit eine individuelle und persönliche Note zu schaffen. Durch die steigende Nachfrage und verschiedene Kundenbefragungen ist das Management zu dem Entschluss gekommen über die Landesgrenzen hinaus zu expandieren. Allerdings soll die Produktionsstätte zur Sicherung der Qualität weiterhin in Deutschland bleiben und dem neuen Absatz entsprechend angepasst und vergrößert werden. Der Online-Händler verfügt über die notwendigen finanziellen Ressourcen, um mit einem umfassenden Netzwerk an Banken, Rechtsanwälten, Steuerberatern und interkulturellem Personal eine Internationalisierung zu realisieren.

2.2 Internationalisierung

Der Begriff Internationalisierung wird wie folgt definiert: „Mit der Internationalisierung von Unternehmen kann eine globale Wertschöpfung einhergehen, bei der die Produktion auf verschiedene Standorte, beispielsweise unterschiedliche Länder, verteilt und vernetzt wird." (Hutzschenreuter, 2015, S.279). Die Gründe für eine Internationalisierung sind sehr verschieden. Häufig stoßen Unternehmen irgendwann an ihre Wachstumsgrenze und das Marktpotential ist ausgeschöpft. Es gestaltet sich dann sehr schwierig neue Kunden zu gewinnen. Eine Internationalisierung hingegen macht neue Märkte möglich, wo eine höhere Nachfrage für das Produkt existiert, und weniger Wettbewerb herrscht. Besonders effektiv eignet sich der Schritt einer Internationalisierung bei kleineren Ländern, wie der Schweiz oder Österreich. Auch bringt die Internationalisierung den Vorteil mit sich, das Unternehmen robuster werden, da die Möglichkeit der Kompensation gegeben ist, wenn in einem Land beispielsweise Verluste auftreten und in einem anderen Land dafür Gewinne erzielt werden. Zusätzlich sind wichtige wirtschaftliche Gründe, wie Kosteneinsparung von Löhnen und Produktionskosten gegeben und letztlich spielen politische, gesetzliche sowie gesellschaftliche Rahmenbedingungen eine große Rolle eine Internationalisierung für ein Unternehmen umzusetzen (Kutschker & Schmid, 2011, S. 156-159). Der Prozess einer Internationalisierung lässt sich in zwei Phasen untergliedern: in die Aufbauphase, wo meist das strategische Vorgehen, wie beispielsweise die Wahl der Markteintrittsoptionen festgestellt wird und in die Betriebsphase, wonach dann die Umsetzung stattfindet (Steinmann, Kumar & Wasner, 1977, S. 26). Zudem sollte eine systematische Marktanalyse, beispielsweise nach den Kriterien des sogenannten PESTEL-Analyse Tools erfolgen, das die politische, wirtschaftliche, sozio-kulturelle, geografische und rechtliche Attraktivität analysiert (Johnson, 2014, S.274).

2.3 Markteintrittsstrategien

Es gibt verschiedene Formen des Markteintritts. Die drei Hauptwege sind Exportstrategien, Direktinvestitionen und Vertragsbeziehungen (Sternad,

Höfferer & Haber, 2020, 61). Die nachfolgende Abbildung 1 zeigt die einzelnen Möglichkeiten auf:

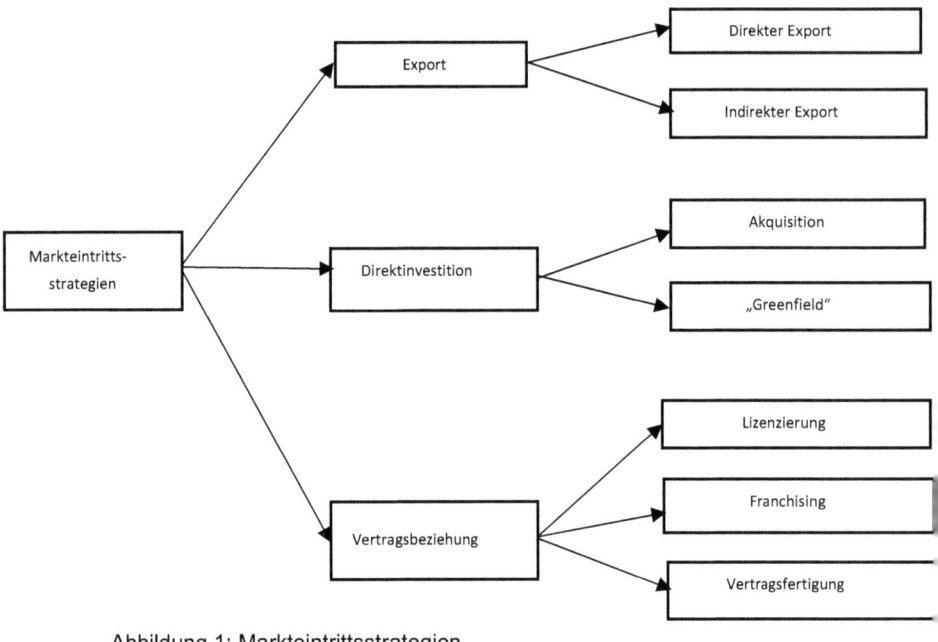

Abbildung 1: Markteintrittsstrategien
(Quelle: Sternad et.al., 2020, S.61)

Die Internationalisierung beginnt oft mit dem *Export*. Das bedeutet, dass Waren und Dienstleistungen grenzüberschreitend ins Ausland verkauft werden. Es wird zwischen direktem Export (direkte Geschäftsbeziehung) und indirektem Export (mittels Handelspartner) unterschieden. Bei der Exportstrategie werden die Waren weiterhin am Heimatmarkt produziert und in den Zielländern vermarktet (exportiert). Es ist nur ein geringer Ressourceneinsatz notwendig, wie z.B. Transportkosten, und stellt somit die einfachste Form des Markteintritts dar (Büter, 2020, S.137-138). Der Exportstrategie stehen die Strategien der Vertragsbeziehungen und der Direktinvestition gegenüber. Bei Vertragsbeziehungen bestehen internationale Vertragsbeziehungen zwischen dem Unternehmen und ausländischen Partnern, die über Lizenzierung, Franchising und Vertragsfertigung eingegangen werden. Bei der Lizenzvergabe erhalten die ausländischen Partner, gegen Bezahlung von Lizenzgebühren, beschränkte Rechte, die beispielsweise die Produktion und den Vertrieb im Zielland erlauben. Eine ähnliche Vorgehensweise ist beim Franchising der Fall. Die Franchisenehmer leistet Franchisegebühren und hat zusätzliche Rechte, wie z.b. Verwendung der Technologien, Nutzung des Firmenlogos oder des Firmennamens (Kutschker, 2012, S.255; Macharzina & Wolf, 2015, S.951-952). Bei der Vertragsfertigung hingegen wird die Ware durch einen ausländischen Produzenten hergestellt und durch das internationaltätige Unternehmen gekauft und dann am Zielmarkt angeboten. Um die Qualität der Marke zu sichern, werden Kenntnisse und Knowhow zum Herstellen der Waren innerhalb der zwei Vertragspartner ausgetauscht. Bei der Direktinvestitionsstrategie wird eine Kapitalbeteiligung im Ausland verstanden. Es gibt zum einen die Akquisition, das heißt, dass sich das Unternehmen in bereits bestehende Unternehmen einkauft und zum anderen das Greenfield, wodurch eine Eröffnung neuer Unternehmen im Ausland stattfindet (Sternad et al., 2020, S.60-61).

Eine weitere Markteintrittsstrategie kann das Joint Ventures sein. Es entsteht ein neues, rechtlich unabhängiges Unternehmen, dass durch den Zusammenschluss zweier unabhängiger Organisationen entsteht. Die Kooperation kann durch Neugründung oder durch Beteiligung bestehender Unternehmen erfolgen. Diese Art der Unternehmenspartnerschaft reduziert politische, technische und ökonomische Risiken sowie den Ressourceneinsatz (Hutzschenreuter, 2015, S. 392-393; Stallmann & Wegner, 2015, S.231). Allgemein lässt sich zusammenfassen, dass die verschiedenen Markteintrittsoptionen sich anhand der Ressourcenbeanspruchung und der Risikobeanspruchung unterscheiden. Während die Exportstrategie geringe Ressourcen und ein geringes Risiko beansprucht, so trägt hingegen die Gründung einer Joint Ventures oder einer Tochtergesellschaft das höchste Risiko und die meiste Ressourcenbeanspruchung. Außerdem ist noch die Geschwindigkeit des Markteintritts gut abzuwägen. Hierzu gibt es zwei Möglichkeiten: die Wasserfallstrategie und die Sprinklerstrategie. Es ist auch eine Mischform der beiden Strategien möglich (Büter, 2020, S.138-139). Bei der Wasserfallstrategie erfolgt der Markteintritt sukzessive. Das heißt, dass der neue Markt zunächst bearbeitet wird, bevor ein neuer Markt erschlossen wird. Der Vorteil dieser Strategie ist, dass das Unternehmen durch die Erfahrungen des letzten

Markteintritts lernt. Bei der Sprinklerstrategie expandiert das Unternehmen gleichzeitig in mehrere Länder und erobert sich den Vorteil als First-Mover. Nachteilig sind hier jedoch die hohen Investitionskosten zu nennen, um die Internationalisierung zu realisieren (Reinemann, 2019, S.155). In Abbildung 2 werden die zwei Möglichkeiten schematisch dargestellt.

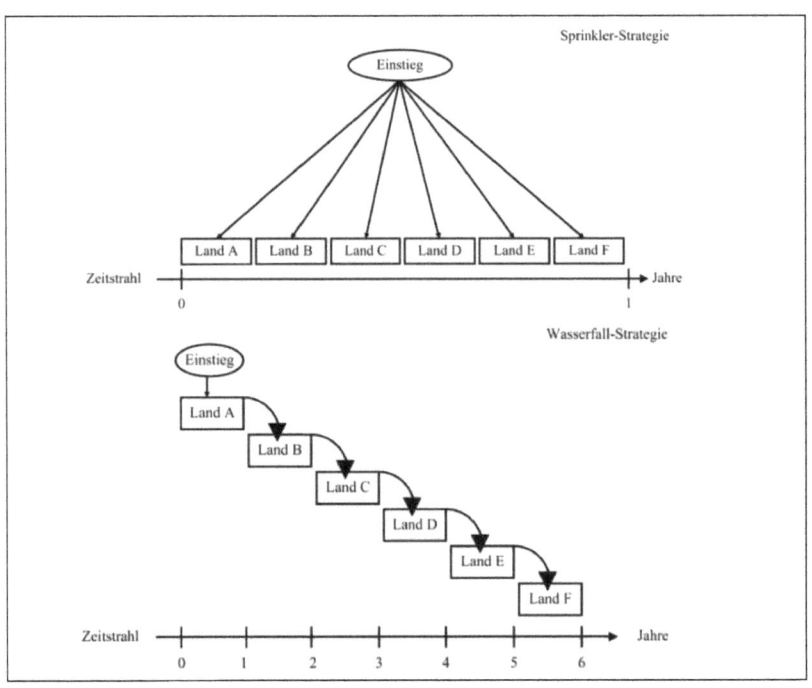

Abbildung 2: Geschwindigkeit des Markteintritts

(Quelle: Reinemann, 2019, S.155)

Ein zusätzlicher Booster für die Markteintrittsgeschwindigkeit stellt die heutige Digitalisierung dar. Diese ermöglicht und vereinfacht eine Internationalisierung für kleinere und mittelständige Unternehmen. Vor der Digitalisierung war es noch sehr aufwendig und es mussten große Investitionen getätigt werden, wie z.B. der Bau von Zweigstellen und das Recruiting vor Ort, um einen Datenaustausch und eine effiziente Zusammenarbeit herzustellen. Der digitale Fortschritt bietet eine digitale Infrastruktur und viele technologische Neuerungen und ermöglicht Unternehmen heute von einem Standort in vielen Ländern aktiv zu sein (z.b. durch einen Online-Shop). Auch können Mitarbeiter im Homeoffice und somit ortsunabhängig arbeiten und sich weltweit vernetzen (Johnson, 2014, S. 264-266). Wichtig ist, die vorherige und ausführliche Analyse zur Marktauswahl. Anhand der gesammelten Informationen können die Markteintrittsstrategien festgelegt werden. Ebenso liefern die Ergebnisse Aufschluss darüber, ob die Produktion und die Erstellung der Leistung im Heimatland oder im Ausland stattfinden kann (Johnson, 2014, S.274). Anhand des Unternehmensprofils der Parlando GmbH und der vorgestellten theoretischen Grundlagen, erfolgt nun eine Diskussion über die mögliche Vorgehensweise und Strategie.

Als erste Markteintrittsoption für die Parlando GmbH ist die Exportstrategie zu nennen. Diese Strategie wäre sehr passend, da sich die Ware des Händlers leicht verpacken und in die jeweiligen Zielländer verschicken lässt. Da die angestrebten Zielländer Frankreich, Italien, Österreich, Groß-Britannien, Schweiz sowie USA und Kanada eine gute Infrastruktur aufweisen, wäre die Voraussetzung dafür erfüllt. Zudem kann der Online-Händler auf ein gutes und bestehendes Netzwerk zurückgreifen, dass eine gute Vernetzung bietet. Allerdings wäre durch das geringe Risiko und eine niedrige Ressourcenbeanspruchung der direkte Export eine probate Strategie, da dadurch keine zusätzlichen Handelspartner und weitere Kosten benötigt werden. Nachteilig ist jedoch zu berücksichtigen, dass die lokalen Anforderungen und Unterschiede zu wenig Aufmerksamkeit erhalten und durch zusätzliche und aufwendige Marketinganalysen erfasst werden müssen (Johnson, 2014, S.271). Damit die Parlando GmbH im Zielland erfolgreich ist, muss sie zumindest in adäquate Marketingkonzepte und Werbung investieren, um Kunden von ihrem Modeangebot zu überzeugen und zu gewinnen. Die Markteintrittsoptionen durch Franchising oder Lizenzen wären auch mögliche Strategien, jedoch würden beide die Produktion ins Ausland verlagern und weitaus mehr zusätzliche Kosten bedeuten, wie z.B. der Bau von Produktionsstätten, Einstellen von mehreren Mitarbeitern usw. Besonders bei Franchise müsste die Parlando GmbH ein konsequentes Konzept erstellen anhand sie ihren Franchisenehmer einweist und schult sowie in stetiger Kooperation tritt. Diese Form des Markteintritts würde jedoch zusätzliche

Abteilungen im Unternehmen, Schulungspersonal und -räume u.v.m. bedeuten. Hierbei könnte die Parlando GmbH ihr Gütesiegel „Made in Germany" nicht mehr führen und möglicherweise nicht mehr die Qualität Standards ihrer Ware halten. Die günstigste Option wäre hier noch die Produktion in Deutschland zu belassen und Lizenzen in die Zielländer zu verkaufen, um dort ausschließlich die Vermarktung der Modeprodukt zu ermöglichen. Allerdings wäre das für Vertrags- bzw. Lizenzpartner sehr unattraktiv, da die Stückkosten bereits sehr hoch sind und sie einen noch höheren Preis anbieten müssten, um ihre Kosten zu decken und Gewinn zu generieren. Als eine weitere Option wäre noch die Direktinvestition zu nennen, die mit Errichtung neuer Produktionsstätte im Ausland einherginge und meist als Strategie zum Tragen kommt, wenn die Ressourcen schlecht und schwer handelbar sind. Der Nachteil ist allerdings, dass es dadurch schwierig wird, die Qualität der Mode sowie die Wertschöpfung zu kontrollieren. Jedoch ist das bei der Parlando GmbH nicht der Fall, da die Modeartikel leicht handelbar und die Ressourcen gut sind. Aus dem gleichen Grund entfällt auch die Joint Venture Strategie, da die Parlando GmbH mit Einbußen durch die Verlagerung der Produktionsstätte keinen Unique Selling Proposition mehr halten kann und dadurch die Stückpreise der Mode nicht mehr zu rechtfertigen sind.

2.4 Empfehlung an das Management

Unter Berücksichtigung der vorangegangenen Diskussion in Aufgabe A1 wäre zusammenfassend zu empfehlen, dass die Parlando GmbH ihre Mode weiterhin in Deutschland (Made in Germany) produziert und der Vertrieb digital über das Internet stattfindet. Als einfacher Einstieg in den Außenhandel wäre die Markteintrittsstrategie der direkte Export zu nennen, da dazu nur geringe Auslandserfahrungen ausreichen und auch keine hohen Kapital- und Personalinvestitionen eingesetzt werden müssen. Als wesentlicher Punkt sei hier die vorherige Analyse der Infrastruktur sowie die Transportmöglichkeiten /-kosten sowie mögliche Zollgebühren zu nennen. Ebenso müsste eine Kooperation mit einem Verpackungshersteller sowie eine Transportunternehmen (z.B. DHL) geschlossen werden. Hier ist auch zu erkennen, dass das Risiko, der Aufwand sowie die Ressourcenbeanspruchung gering sind. Als am aufwendigsten gestalten sich wohl noch die Neukunden-Akquise im Zielland. Die Parlando GmbH muss sich also mit der Frage auseinandersetzen, wie sie neue Kunden für ihre Produkte gewinnen will. Als eine gute Möglichkeit wäre die Nutzung über Soziale-Medien, Werbevideos auf YouTube, Instagram oder Facebook, Nutzung sogenannte Influencer oder Blogs. Die Geschwindigkeit der Markteintritte könnte durch die Kombination der Wasserfall- und Sprinklerstrategie erfolgen. Die Parlando GmbH geht folglich schrittweise vor und fasst ähnliche Zielstaaten zusammen. Am einfachsten wäre es daher als EU-Land in die EU-Mitgliedstaaten (Frankreich, Italien und Österreich) die Mode zu expandieren, da sie sich politisch-rechtlich, wirtschaftlich sowie kulturell ähnlich sind. Nachdem die Parlando GmbH Erfahrungen mit der Vermarktung in die EU-Staaten gesammelt und sich fest dort am digitalen Onlinemarkt etabliert hat, kann der nächsten Schritt in neue Zielmärkte, wie Groß-Britannien und in die Schweiz erfolgen. Als letzten und größten Schritt würde dann die Business-Ausweitung in die USA und Kanada erfolgen, da dort mit höheren Investitionen bzw. Kosten gerechnet werden müssen (z.B. Zölle, Importkosten, Wechselkurse). Allgemein vereinfacht das schrittweise Vorgehen durch die Kombination der Wasserfall- und Sprinklerstrategie die Betreuung der Kunden und die Personalanpassungen, da die Parlando GmbH durch jeden Markteintritt an Erfahrung gewinnt und lernt. Das Risiko, ob und wie die Modeprodukte in den Zielländern an Beliebtheit gewinnt, bleibt abzuwarten. Dazu bieten sich regelmäßig Managementstrategie zur Analyse an.

3 Aufgabe A2

3.1 Herausforderungen der interkulturellen Ausrichtung

Im Folgenden werden die Herausforderungen der interkulturellen Ausrichtung der Parlando GmbH durch die Internationalisierung erläutert und die Ausgestaltungsmöglichkeiten diskutiert. Im Anschlusskapitel werden dem Management der Parlando GmbH Empfehlungen dazu ausgesprochen. Rothlauf (2012) postuliert, dass bei einem Internationalisierungsvorhaben Unternehmen vor einigen Herausforderungen stehen. Eine besondere Form ist die interkulturelle Ausrichtung, da diese viele Aspekte betreffen, wie z.b. Sitten, Gebräuche, unterschiedliche Vorstellungen von Arbeitsbedingungen, moralische Werte, Gleichstellung der Geschlechter, Work-Life-Balance oder der Loyalität des Arbeitgebers gegenüber. Diese Aspekte können zu hohem Konfliktpotential und Missverständnissen innerhalb des Unternehmens führen. Zunächst wird der Begriff *Kultur* definiert. „Kultur ist die Gesamtheit der Grundannahmen, Werte, Normen, Einstellungen und Überzeugungen einer sozialen Einheit, die sich in einer Vielzahl von Verhaltensweisen und Artefakten ausdrückt und sich als Antwort auf die vielfältigen Anforderungen, die an diese soziale Einheit gestellt werden, im Laufe der Zeit herausgebildet hat." (Kutschker, 2012, S.674).

Das menschliche Verhalten ist stark durch soziokulturelle Normen geprägt und ist ein wesentlicher Faktor für beständige und erfolgreiche Geschäfts- und Kundenbeziehungen. Daher ist es wichtig im internationalen Geschäftskontext auf entsprechende Umgangsformen sowie auf Verhaltensweisen zu achten, um Geschäftsbeziehungen nicht zu gefährden (Sure, 2017, S. 42-44). Aus den vorangestellten Aspekten ergeben sich einige Möglichkeiten mit den verschiedenen Kulturen umzugehen. Schmid (2013, S.9) nennt hierzu vier Optionen der interkulturellen Ausrichtung von Unternehmen: ethnozentrisch, polyzentrisch, regiozentrisch und geozentrisch. Dieses Modell, auch das PERG-Modell genannt, wurde von Heenan & Perlmutter (1979) entwickelt und nimmt an, dass die Unternehmenseinstellung einen großen Einfluss auf das Personal und Geschäftsbeziehungen hat. Im Folgenden werden die vier Möglichkeiten der interkulturellen Ausrichtung von Unternehmen nach Perlmutter grafisch dargestellt (Abbildung 3):

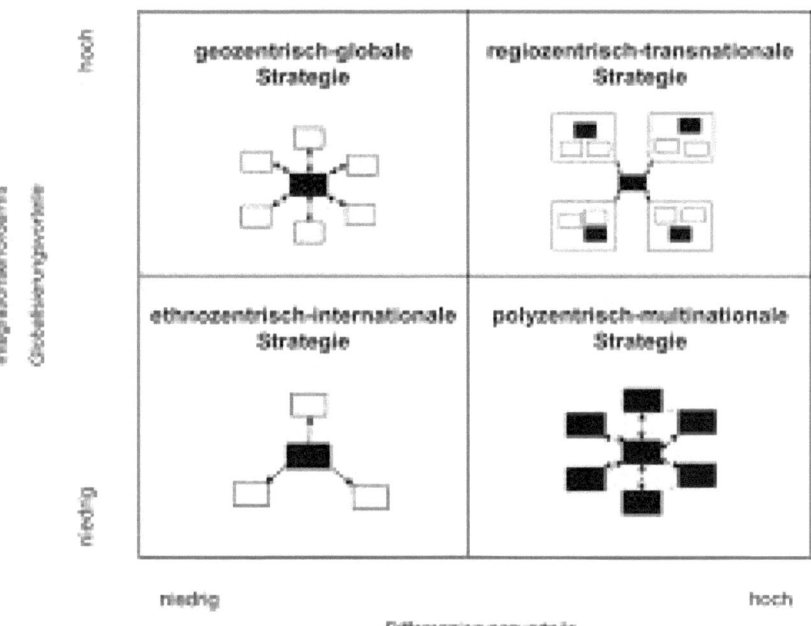

Abbildung 3: Interkulturelle Ausrichtung von Unternehmen nach Perlmutter
(Quelle: Schmid, 2013, S.9)

Die *ethnozentrische Ausrichtung* eines Unternehmens strebt eine kulturelle Vereinheitlichung im Unternehmen auf Basis der Kultur der Muttergesellschaft an. Um die Vereinheitlich oder den Kolonialismus umzusetzen, werden gezielt Techniken und Konzepte durch das Management im Unternehmen eingesetzt. Wichtige Schwerpunkte sind im Mutterkonzern verankert. Demnach werden die unternehmerischen Strategien und Entscheidungen des Heimatstandorts auf die Auslandspolitik übertragen ohne die dortigen Faktoren, wie z.b. Traditionen, zu berücksichtigen. Die Organisation versucht das im Inland produzierte Produkt mit einem konzipierten Marketing-Konzept ohne ausländische Anpassung auf den ausländischen Märkten anzubieten und verwendet im Ethnozentrismus typischerweise die Exportstrategie. Nachteilig bei dieser Form ist, dass wichtige regionale und kulturelle Aspekte verloren gehen und keine Anpassungen an lokale Besonderheiten vorgenommen werden und die ausländischen Mitarbeiter wenig Motivation aufbringen (Berndt et al., 2016, S.15). Die *polyzentrische Ausrichtung* hält die lokale Kultur jeder Tochtergesellschaft bei und führt zu einem hohen Grad an dezentraler Entscheidungsautonomie. Die Organisation lebt eine Art Separatismus und berücksichtigt die lokalen und kulturellen Besonderheiten. Allerdings werden weltweite Synergieeffekte und Wissensaustausch eher verhindert und kommen demnach zu kurz (Kutschker, 2012, S.288).

Der *Regiozentrische Ansatz* findet im Gegensatz dazu einen Kompromiss zwischen Kolonialismus (Ethnozentrismus) und Separatismus (Polyzentrismus), indem er ähnliche Ländergruppen nach wirtschaftlichen, rechtlichen, politischen und kulturellen Besonderheiten zusammenfasst und mehrere Tochtergesellschaften an einem Standort etabliert, wie z.B. den europäischen Markt. Zusätzlich soll durch spezielle Managementstrategien und Methoden starke Kooperationen zwischen den Tochtergesellschaften forciert werden. Stallmann und Wegner (2015, S.326) postulieren, dass das Ziel des regiozentrischen Ansatzes darin besteht, die Vorzüge der differenzierten Marktbearbeitung unter Beachtung der verschiedenen Bedingungen am ausländischen Markt mit den Synergien von Ländergruppen und deren Vorgehensweise und Standardisierung zu kombinieren. Nachteilig ist jedoch, dass sich die kulturellen Einheiten auseinanderentwickeln und damit der Organisationsverbund geschwächt wird. Die *Geozentrische Ausrichtung* versucht eine neue Gesamtkultur durch Berücksichtigung von Elementen aus allen Kulturen der Tochtergesellschaften zu schaffen, wodurch eine starke internationale oder globale Unternehmenskultur entstehen sollte. Das Ziel dabei ist, dass sich die Mitarbeiter besser mit dem Unternehmen identifizieren und sich so von Wettbewerbern am Markt abgrenzen können. In der Praxis ist diese Form der interkulturellen Ausrichtung jedoch sehr aufwendig und ein langwieriger Prozess.

3.2 Empfehlung an das Management

Nach den vorherigen theoretischen Erläuterungen ist im Rahmen der Internationalisierung für die Parlando GmbH ratsam, die komplette Steuerung aus dem Heimatland auszuführen. Daher würde sich zu Beginn des Markteintritts in die EU-Staaten, Frankreich, Italien und Österreich, die ethnozentrische Ausrichtung der Parlando GmbH empfehlen, die auch sehr gut zu der vorher empfohlenen Exportstrategie passen würde (Berndt et al., 2016, S. 15). Die gesamte Expertise des Online-Händlers würde somit genutzt werden sich nach und nach am ausländischen Markt zu etablieren. Die polyzentrische sowie die geozentrische Ausrichtung kommen eher weniger in Frage und sind nicht zu empfehlen. Bei der polyzentrischen Form müsste die Parlando GmbH die ausländischen Begebenheiten bereits sehr gut kennen und umfassende Kenntnisse zu den kulturellen Aspekten im Zielland besitzen. Dies ist jedoch nicht der Fall und wäre mit einem erhöhten Aufwand und Zeitfaktor verbunden. Der Polyzentrismus würde sich auch eher bei Marktstrategien, wie der Direktinvestition, anbieten, wonach bestehende Unternehmen und Personal übernommen werden würde und höhere Investitionen gefordert sind. Jedoch würden diese hohen finanziellen Belastungen ein erhöhtes Risiko bedeuten. Die geozentrische Strategie hingegen ist eine sehr aufwendige und langwierige Option, die sich eher für Unternehmen anbietet, die global handeln wollen, was bei der Parlando GmbH zunächst nicht im Vordergrund steht. Daher würde sich im weiteren Internationalisierungsschritt die regiozentrische Ausrichtung eignen, da sie die Ländergruppe kulturell und ökonomisch zusammenfasst. Je nach Regionen können dann entsprechende Zuständigkeiten in Form von Abteilungen im Unternehmen aufgebaut werden. Jedes Land oder Region erhält dazu einen eigenen und landestypischen Onlineauftritt und der Kundenservice eine Kundenhotline in verschiedenen Landessprachen anbietet, um die Kundenfragen oder -anliegen zu bearbeiten. Dies führt dazu, dass sich die Mitarbeiter eher mit dem Arbeitgeber identifizieren und eine langfristigere Arbeitsbeziehung möglich aufrechterhalten. Prinzipiell können die kulturellen Ausrichtungen nie stringent gesehen werden, sondern zeigen sich in der Realität häufig als Mischform (Rothlauf, 2012).

4 Fazit

Final kann zusammengefasst werden, dass die Parlando GmbH den Internationalisierungsprozess über die Markteintrittsstrategie des direkten Exports starten und über die schrittweise Kombination von Wasserfall- und Sprinklerstrategie länderzusammenfassenden den Markt erschließen will. Als kulturelle Startausrichtung würde sich hierbei die ethnozentrische Vorgehensweise anbieten. Mittel- und Langfristig könnte eine Umstellung der kulturellen Ausrichtung erfolgen, wenn das Unternehmen ausreichend Erfahrungen gewonnen hat. Hier wäre dann die regiozentrische Ausrichtung sinnvoll. Um die erfolgreiche Implementierung am ausländischen Mart zu gewährleisten, ist die Evaluation der Kundenbedürfnisse und der kulturellen Begebenheiten in jedem Land ein unumgänglicher Faktor. Zusätzlich besteht noch die Herausforderung die Kundenbedürfnisse am Zielmarkt zu erforschen, sich ein soziokulturelles Team und Netzwerk an Mitarbeitern und Standortexperten im Zielland aufzubauen sowie die rechtlichen Gegebenheiten sowie Hürden zu meistern. Dazu sind noch eine Reihe Marketingstrategien und Investitionen notwendig, um sich am Zielmarkt einen Namen zu machen und eine bekannte und erfolgreiche Marke zu werden (Sternad et al., 2020, S.9).

Literaturliste

Berndt, R.; Fantapié Altobelli, C. & Sander, M. (2016): Internationales Marketing- Management. Springer Verlag: Berlin, Heidelberg. https://doi.org/10.1007/978-3-662-46787-9.

Büter, C. (2020): Außenhandel. Springer Verlag: Berlin, Heidelberg.

Gutmann, J. & Kabst, R. (2000): Internationalisierung im Mittelstand. Chancen-Risiken-Erfolgsfaktoren. Springer eBook Collection Business and Economics.

Heenan, D.A.; Perlmutter, H.V. (1979): Multinational organization development. Addison-Wesley Publishing Company: Reading, Massachusetts, Menlo Park, Carlifornia, London, Amsterdam, Don Mills, Ontario, Sydney.

Hutzschenreuter, T. (2015): Allgemeine Betriebswirtschaftslehre. Springer Verlag: Wiesbaden. Fachmedien Wiesbaden: https://doi.org./10.1007/978-3-658-08564-3.

Johnson, G. (2014): Exploring strategy, 10. Auflage, Pearson Education: Harlow.

Kutschker, M. (2012): Internationales Management, 7.überarbeitete Auflage. Oldenbourg: München. https://doi.org/10.1524/9783486719246.

Kutschker, M.; Schmid, S. (2011): Internationales Management. 7. Auflage. Oldenbourg Verlag: München.

Macharzina, K. & Wolf, J. (2010): Unternehmensführung. Das internationale Managementwissen; Konzepte, Methoden, Praxis. Lehrbuch, 7 vollständig überarbeitete und erweiterte Auflage. Gabler Verlag: Wiesbaden.

Macharzina, K. & Wolf, J. (2015): Unternehmensführung. Das internationale Managementwissen, Konzepte- Methoden- Praxis, 9. Auflage, Springer Gabler Verlag: Wiesbaden.

Morasch, K.& Bartholomae, F. (2017): Handel und Wettbewerb auf globalen Märkten. Springer Verlag: Wiesbaden. Fachmedien Wiesbaden: https://doi.org/10.1007/978-3-658-16044-9.

Reinemann, H. (2019): Mittelstandsmanagement. Springer Fachmedien Verlag: Wiesbaden.

Rothlauf, Jürgen (2012): Interkulturelles Management. 4 überarbeitete und aktuelle Auflage. Mit Beispielen aus Vietnam, China, Japan, Russland und den Golfstaaten. Oldenbourg Wissenschaftsverlag: München.

Schmid, S. (2013): Strategien der Internationalisierung. Fallstudien und Fallbeispiele; mit mehr als 260 Fragen und Aufgaben, 3. Auflage, Oldenbourg Verlag: München, Wien.

Stallmann, F. & Wegner, U. (2015): Internationalisierung von E-Commerce-Geschäften. Springer Fachmedien Verlag: Wiesbaden.

Steinmann, H.; Kumar, B. & Wasner, A. (1977): Internationalisierung von Mittelbetrieben. Eine empirische Untersuchung in Mittelfranken, Zeitschrift für Betriebswirtschaft Schriftenreihe, Bd. 6. Betriebswirtschaftlicher Verlag Gabler: Wiesbaden.

Sternand, D.; Höfferer, M. & Haber, G. (2020): Grundlagen Export und Internationalisierung. Springer Fachmedien: Wiesbaden.

Sure, M. (2017): Internationales Management. Springer Fachmedien: Wiesbaden. https://doi.org/10.1007/978-3-658-16163-7.

BEI GRIN MACHT SICH IHR WISSEN BEZAHLT

- Wir veröffentlichen Ihre Hausarbeit,
  Bachelor- und Masterarbeit

- Ihr eigenes eBook und Buch -
  weltweit in allen wichtigen Shops

- Verdienen Sie an jedem Verkauf

Jetzt bei www.GRIN.com hochladen und kostenlos publizieren